L'ART et le BEAU N° 3
Fragonard
TEXTE DE GUSTAVE KAHN

LA FUITE A DESSEIN

A Madame la Marquise de Turpin de Crissé

Quand vous fuyez votre berger | C'est moins je crois pour l'éviter
En déployant ainsi vos grâces, | Que pour l'attirer sur vos traces.

Librairie artistique et littéraire, 65, Rue du Bac. — PRIX net 6 Francs.

L'ART ET LE BEAU

Numéro spécial 3,
consacré à FRAGONARD

ABONNEMENT ET VENTE :	CONDITIONS DE L'ABONNEMENT:
65, Rue du Bac, PARIS	Paris : 1 an 20 fr.; 6 mois 10 fr. Départements : 1 an 22 fr.; 6 mois 11 fr. Etranger (Union Postale): 1 an 24 fr.; 6 mois 12 fr.

Ce numéro comporte trente-six pages, il est orné de plus de soixante illustrations, dont dix hors texte. Ces illustrations donnent une idée complète et exacte de tout le développement de l'artiste. Elles reproduisent ses œuvres les plus célèbres. Elles reproduisent aussi celles qui ont été recemment découvertes. On ne peut se flatter d'être tout à fait au courant de l'œuvre de *Fragonard* si l'on ne connaît ce numéro, où nombre de tableaux ou dessins du maître sont reproduits *pour la première fois,* et n'ont été vus qu'à l'Exposition du cercle artistique de Nice.

L'étude sur la vie et l'œuvre de *Fragonard* qui accompagne cette documentation illustrée a été écrite par *Gustave Kahn.*

Monument du Fragonard à Grasse
(œuvre du sculpteur Maillard)

Tous les fervents du XVIII siècle connaissent le livre définitif que *Gustave Kahn* a écrit sur *Boucher,* le maître de *Fragonard.*

Les lecteurs de L'ART ET LE BEAU ont lu ses pénétrantes études sur *Félicien Rops* et sur *Auguste Rodin.*

Le très gros succès de ces précédents fascicules est un gage certain du succès de celui-ci, autant que la compétence spéciale de *Gustave Kahn* en tout ce qui touche l'art français au XVIII siècle.

L'œuvre de *Fragonard* est ainsi présentée dans toute sa savoureuse complexité. Une large place a été faite à l'éblouissant portraitiste que fut *Fragonard* et aux belles images qu'il a laissé de la beauté des femmes de son temps.

Une plus large encore a été faite au peintre des Baigneuses, au peintre du déshabillé voluptueux de la femme, à l'artiste qui a su le mieux peindre les blancheurs nacrées du corps féminin, au meilleur interprète de ces ébats où tout le joli geste de la femme entraînée par le plaisir du moment se donne en toute liberté et en toute beauté.

Un bulletin d'Abonnement accompagne ce numéro.

65, Rue du Bac,
PARIS. La librairie artistique et littéraire.

LA PARTIE DE RAQUETTE

H. FRAGONARD

PORTRAIT DE FRAGONARD PAR LUI MÊME
(Musée du Louvre)

Boucher succède à Watteau et Fragonard à Boucher. Des liens étroits les unissent l'un à l'autre. Les différences sont notables, énormes. Mais les différences sont surtout mentales, intellectuelles, les rapports sont esthétiques et techniques. Ils ont lieu dans la position du sujet, dans son choix, dans la manière de le traiter. Ils sont commandés par le temps, acceptés par leurs esprits, ils ne sont point de leur essence même d'esprit. Ces ressemblances viennent-elles de ce qu'ils ont suivi la mode? Jusqu'à un certain point! De ce qu'ils ont voulu obéir à la clientèle? Il y a de cela; mais en même temps, ils suivaient leur instinct, leur intelligence de l'art qui les mettaient sur la vraie route de la peinture, libre, réaliste, fantaisiste, libre de métier, réaliste quand elle le voulait et pour l'étude, fantaisiste pour la décoration et l'illustration et l'ornement du boudoir et de la petite maison.

* * *

Peut-être sommes-nous plus libres que nos devanciers immédiats pour aimer des peintures de goût différent. Si oui, nous le devrions à la brusque résurrection du goût pour le XVIIIe siècle, alors que férus de peinture romantique, et à l'initiation au japonisme. Le vieux critique d'art est réaliste ou idéaliste et part de ce point. Son réalisme ou son idéalisme sont de son heure même de vie. Verra-t-il bien, alors comment le XVIIIe siècle peut être réaliste. Sans doute Chardin est de tous les temps; sans doute Greuze est tout près de nous. Tous les deux dépouillent

LA FAIBLE RÉSISTANCE

le plus possible leurs personnages de la mode de l'époque. Les petites ménagères de Chardin, si belles dans la lumière douce de ses toiles, qui rapportent de la rue les légumes du pot-au-feu, sont réalistes. Ici l'accessoire du temps est infiniment sobre. Mais lorsqu'un peintre du XVIIIe fait attention que les visages de ses modèles, sous la perruque poudrée, sont vermillonnés, fardés, retouchés, que les négligés sont surveillés avec soin, pour bien rendre cette nuance de réalité, et la donner dans toute la vérité de sa convention, en est-il moins réaliste. Le *Jélyotte* de Coypel, coiffé, tavelé de mouches, fardé, n'est-il pas un précieux document humain? et la grande Vénus qui dresse la ligne nacrée de sa haute stature et le casque de ses cheveux blonds dans le *Jugement de Paris* de Watteau, n'est-elle point réaliste? Si réaliste veut dire observateur de la vérité, et en peinture, réflecteur de la vie telle qu'elle se montre, ces peintres sont des réalistes. Ce n'est que longtemps après eux que le mot réalisme voulut dire « observation pessimiste de la mentalité et de la structure de l'homme ». Au XVIIIe siècle le mot n'existe pas, mais les trois peintres dont je cite les noms, entr'autres, seraient réalistes vis-à-vis de leurs prédécesseurs, contre Lebrun et ses devanciers, italiens et livresques. Ceux-ci vont à la vie.

* *

On a argué beaucoup contre Boucher des phrases de Reynolds qui l'avait vu brosser une pastorale, sans modèles. Ce n'est point une preuve de fantaisie. Comme le fera Fragonard, Boucher a énormément dessiné; le corps féminin lui est devenu si familier qu'il sait le décrire de mémoire, grâce à ses milliers de dessins

L'ART ET LE BEAU

grâce à tant d'exercices. Tant de lignes, de silhouettes, d'inflexions du corps, tant de l'allure générale de la beauté et tant de cambrures, d'abandons, ou de gestes particuliers des modèles lui sont restés dans la mémoire qu'il n'a pas toujours besoin du modèle. Fragonard a pu dessiner de mémoire, sans qu'on puisse le taxer de méconnaître le vrai physique. Le canon du temps qui veut que la beauté soit fleurie de tons roses, intervient d'accord! Mais l'essentiel a été regardé avec soin, curiosité, dévouement et traduit librement par un homme qui a su regarder les maîtres, sans trop leur obéir.

Fragonard est Provençal; né à Grasse, il a étudié à Paris,

puis à Rome. Y a-t-il dans ces détails biographiques une explication de son œuvre?

Watteau, Flamand ne s'explique guère par sa natalité; son fond de mélancolie n'en procède point; la connaissance des peintres flamands influe sur lui. Il eut pu les connaître, sans être de leur race. Que la vue d'un beau Rubens ait pu réveiller en lui certains atavismes, c'est possible, ce n'est point certain. Échapper à la rudeur, prendre d'autres sujets que des sujets classiques, cela souvient de la vie, de la vie de Paris, de son tempérament, des besoins du temps, plus que de son origine. Que les carnavals du Nord l'aient mené aux fêtes galantes, ne l'admettons guère; c'est trop différent.

Boucher, lui, doit beaucoup au pavé de Paris. Il le prouve par de nombreux dessins, par sa série des *Cris de Paris,* où tous les métiers défilent avec leur costume spécial et pittoresque. Il est rapin, il est badaud, il s'arrête à voir passer les déchargeurs de charbon, à crayonner les bouquetières. Le type de beauté ou plutôt de joliesse que lors de ses débuts il reprend sans cesse d'après Madame Boucher, est un type parisien. Les petits amours qu'il fera culbuter dans les airs parmi tant de toiles, il les trouvera dans la longue et patiente observation de ses enfants. Il en a formulé le projet d'après nature, de même qu'il s'en ira à la campagne, prendre sur nature les esquisses de paysages de ses tapisseries, quitte à les styliser pour l'emploi décoratif. Boucher doit à Paris, et il est né à Paris. Mais fut-il venu de loin que Paris l'eût gagné, repétri, reformé. Sa natalité n'a pas eu sur lui grande influence. Fragonard doit peu, ce semble, à la Provence. Dans ses toiles, on trouvera peu de représentations du type ethnique provençal. Il n'y songeait point, étant parisianisé. Si l'on en découvre, c'est par la nécessité du portrait des siens, et leur type n'est pas fortement spécial.

PORTRAIT DE MADAME DE REMONDY

Le plus caractéristique à cet égard de ses portraits, c'est celui qu'il traça de lui-même et qui est au Louvre, dans la salle des portraits de peintres. Au moment où il le fit, le XVIIIe siècle achevait de finir, l'ancien régime était mort. La perruque était tombée et la poudre. La face de Fragonard est forte, les cheveux ras, la tête d'une forme régulière, ronde. Le masque, comme celui de tant de ses compatriotes est romain. Un humoriste a dit que très souvent l'épicier qui vous sert une mesure d'huile, en Provence, a la tête d'un proconsul romain. Ainsi Fragonard a un profil de médaille, le front assez ample, le nez fort et droit. Il est, sur ce portrait, d'accent très moderne. Sans doute après que les élèves de Vien triomphent avec ce Louis David à qui jadis Frago a concédé de finir à sa place les décorations de l'hôtel de la Guimard, que le goût romain s'impose, non point le sien, celui qui captait aux bas reliefs antiques l'entrain de la priapée et faisait rire la nymphe surprise et joyeuse d'être emportée comme une proie jetée sur l'épaule du faune, mais le goût héroïque romain, à cette heure tardive de sa vie où il peignit sa propre image Fragonard était changé.

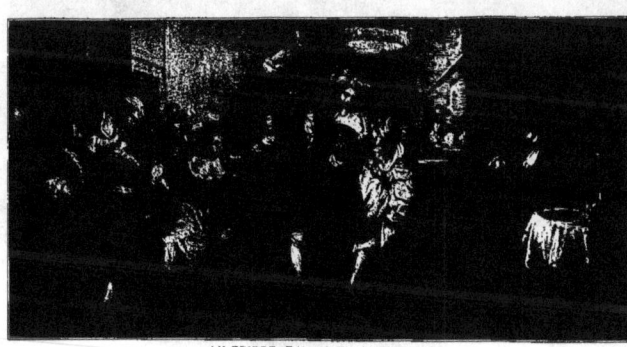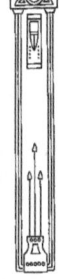

AU TRIPOT: Tableau de Théophile Fragonard

PASSAGE D'UNE PROCESSION

Ce beau portrait ne nous dit pas grand'chose de ce que put paraître, poudré et vêtu à la mode éclatante de son heure, le jeune Frago, rapin chez Boucher, ou l'élégant Frago jetant mille imaginations riantes dans la marge des *Contes* de La Fontaine, le galant Frago patronné par la Du Barry, l'ami des Fermiers généraux. Dans ce portrait de Fragonard âgé, du citoyen Fragonard, les lèvres sont encore prêtes à sourire, les yeux sont encore spirituels, l'allure n'est pas lasse, l'homme n'est point fatigué, mais ce n'est plus le jeune Frago. Il est solide. Il semble bien que si le discrédit a commencé pour sa peinture, il en appelle, tranquillement; ou peut-être n'y pense-t-il point; la forte leçon d'épicuréisme, qu'il a si bien comprise, de son temps, lui rend le changement de vie léger. Ses réflexions ne sont point moroses. Il se sait en marge, il y demeure.

* * *

Lorsqu'il fréquenta l'antique, même solennel, même dramatique, il ne l'entrevit point violent, ni tendu, ni pompeux. Son tableau de prix de Rome, *Corésus et Callirhoé*, est tendre, sentimental. Corésus, grand-prêtre de Bacchus, qui s'immole lui-même pour ne point immoler Callirhoé, est une belle figure traitée dans une nuance d'héroïsme ému, d'héroïde même, comme eussent dit les poètes, ses contemporains. Dès qu'il peut tourner le dos à cet art historique, même modifié par sa façon personnelle, il le fait, et même il n'abusera ni des faunes ni des bacchantes. Moderniste il est épris de la vie, et non des souvenirs d'art. L'allure latine des gens du midi ne l'a pas requis.

* *

On a dit que son paysage se ressentait de sa natalité, qu'il avait retrouvé dans sa fantaisie quelques uns des beaux horizons de Grasse, de la ville « accrochée aux grandes collines parmi des jardins comme un fruit parmi une immense corbeille de fleurs ». On fait même état, de quelques lettres de lui, écrites au moment de son voyage en Italie, avec le fermier général Bergeret. Il dira entr'autre choses, passant par les environs de Nice et de Grasse « les rochers, pour qui les considère avec un œil de peintre ont les aspects les plus curieux » mais à y regarder de plus près, cette surprise devant le décor du pays natal n'est-il point l'indice qu'il l'ait presque oublié.

Peintre du décor de la grande ville, peintre de la femme, il a peut-être, plus qu'un autre, omis de ses souvenirs sa petite patrie: ses paysages s'ils sont assez réels, le sont à la flamande et à l'italienne, d'après les peintres. Concédons, car il faut bien tout de même, qu'il soit de son pays, même au XVIIIe siècle où la vie civilisée, le tour classique des choses, le ton de Paris, comptent tellement, accordons que Fragonard se souvint surtout et toujours, du coup de lumière chaude qui frappa ses yeux

DESSIN

PORTRAIT DE LA FONTAINE

d'enfant. Il a du midi, l'enthousiasme natif de la couleur, de la Provence, le sentiment juste de cette belle lumière, le sens des proportions lumineuses pour ainsi dire, une jolie façon de décrire, une pointe d'accent et c'est tout, d'ailleurs l'esprit du temps ne lui permettrait guère davantage. C'est le romantisme qui en créant le sens de la couleur locale, a créé le sens de la couleur locale des petites patries.

En les formulant, il a accentué quelques différences dans l'état de vie. Peut-être notre vision actuelle du pays de Fragonard nous empêche-t-elle de saisir certains rapports. Au XVIII° la Provence a donné à Paris, ce pas de danse, le tambourin; les poètes de Provence n'écrivent guère en dialecte. Ils font surtout, en français, de petits vers mythologiques. L'été durable de ces beaux pays rend simplement plus fréquentes les petites fêtes parmi les jardins, sous les oliviers, parmi la vigne, fêtes qui sont de mode partout et que les peintres aiment partout à fixer sur la toile. Les costumes étaient différents, les roses et les bleus alternaient en bandes piquées de fleurettes brochées, dans les costumes des filles du pays. La Provence d'alors est peu locale ou bien on ne songe pas à tirer de ces différences une note d'art; elle pouvait moins influer sur la peinture de Fragonard.

Eut-elle eu d'ailleurs une parfaite idiosyncrasie, Fragonard eut été par tempérament l'homme le moins décidé à essayer de l'imposer à Paris.

* *

La peinture française au XVIII° siècle obéit à des influences diverses. Charles Lebrun un peu déchu de sa gloire et de son influence, les Téniers ne sont plus des magots; on les regarde sans trop les consulter, la sagesse du XVIII° se défiant de cet excès de goguaille, mais les Rubens comptent et on fait attention aux Rembrandt; donc plus de vie.

D'un autre côté la peinture italienne s'est modifiée. Les élèves de l'école de Rome trouvent là-bas d'autres leçons que celles de l'antique et celles du classique. On peut dire que la grande injustice dont fut victime, au XIX° siècle, l'école de peinture (ou les écoles de peinture italiennes) du XVIII° siècle, a cessé et l'on se rend compte, mieux, de la va-

LA BONNE MÈRE

valeur d'un Baroccio, d'un Ricci, d'un Solimène et personne ne met en doute l'immense intérêt d'un Tiepolo.

Quand Fragonard partit pour Rome, son maître Boucher lui dit: « Si tu regardes trop Michel-Ange et Raphaël, tu es foutu » : parole profonde et sage!

* * *

Elle est profonde et sage puisqu'elle suppose chez Boucher une pleine connaissance du talent, de la gamme de puissance de Fragonard, et de la minute d'art où ils vivent tous les deux. Le conseil de Boucher n'implique pas le dédain des maîtres anciens; il indique à Fragonard d'étudier les Italiens plus modernes, ceux qui ont le sens de la vie contemporaine, ceux qui à leur tour, et selon leur heure, continuèrent ce déganguement du faire qui sans cesse s'accroît depuis les Primitifs ; puisque selon Boucher, Ricci est plus souple et plus près de la vie que les artistes de la Renaissance, pourquoi ne conseillerait-il pas à son élève de ne point s'obstiner dans l'étude des maîtres dont l'influence pourrait faire dévier ce qu'il voit en lui de naissante personnalité, de modernisme latent et ne le mettrait-il pas à l'école des modernes.

BAS RELIEF ANTIQUE AVEC ENCADREMENT ORIGINAL
par H. Fragonard

* * *

Entourée et baignée d'une chaude lumière, vouée à l'expression de toutes les grâces de la vie, reprenant à tout instant cette expression de la joie de l'heure qui caractérise la peinture du XVIIIe siècle, jolie comme un bibelot précieux, belle comme une œuvre d'art, avec un accent de fête, de caprice de liesse amoureuse, si franche qu'elle en est lyrique, l'œuvre de Fragonard est admirable! Son poème de la chair nue se déroule en strophes éclatantes, nacrées, disant la joie de la bacchante, son sommeil, fréquentant le boudoir, peignant la fête populaire, esquissant la chanson de Chérubin, avec ardeur et volupté. C'est ici du badinage, là quelque chose de plus profond. La *Gimblette* ou *l'Escarpolette*, c'est comme un vif morceau de musique du temps, gavotte ou tambourin, qui veut surtout être alerte, plaire en raillant un peu.

La *Fontaine d'Amour* sera d'une note plus grave, dans le

PETITE FILLE DANS LES FLEURS

TÊTE DE VIEILLARD

LA FONTAINE D'AMOUR

LE PACHA

L'ABANDONNÉE

caprice, la légende, alerte encore, ailée si l'on veut, grave tout de même. Que ce soit vers un philtre de volupté ou un philtre d'amour plein et complet, que courent d'un tel élan ces deux êtres, qui ici deviennent des symboles, ces coureurs qu'agite l'éternel désir et la perpétuelle ivresse, c'est la même chose; ce qui importe c'est leur élan. N'iraient-ils qu'à cet échange de sensations, à ce frottement des épidermes dont parla Champfort, ils s'y précipitent à toute allure. Donc le peintre de la *Fontaine d'amour* a connu de belles féeries; c'est, dans le décor conventionnel, de la vérité qu'il peint, vérité d'un moment d'enthousiasme, vérité du premier songe d'amour qui toujours se croira éternel.

* *

Et pourquoi reléguer au rang des amusements cette peinture passionnée, n'y voir qu'un caprice décoratif de peintre galant. Greuze avoisine Fragonard; de la vérité et de la passion existent dans la peinture du temps. Ces deux forces n'ont jamais cessé de l'animer, mais sous l'influence des écrivains, elles sont devenues plus palpables, plus évidentes, on les met en relief de plus d'ardeur. Il ne faut point oublier que si Fragonard excelle à jeter sur ses panneaux les riantes Tempés que rêve son époque, les nonchalantes Arcadies où fréquente l'imagination des gens qui vont faire la nuit du quatre Août, Fragonard a montré en maintes toiles le sens de l'intimité familiale. Pourquoi voudrait-on que ce soit uniquement pour suffire aux variétés du caprice de la commande, alors que tous les contemporains sont ainsi partagés entre la sensation et la sensibilité, que s'il y a Champfort, il y a Rousseau, que si l'on se plaît aux Bouffons, on y a souci de la vérité de la déclamation musicale, que s'il y a eu la petite Morphy et Mme Du Barry, il y a eu Mlle de Lespinasse, que le même Diderot a écrit les *Bijoux indiscrets* et ses drames bourgeois. Le culte de la sensation pure qui vient de la Régence cohabite dans les âmes avec la sensibilité nouvelle. Les jolies équivoques de Greuze n'em-

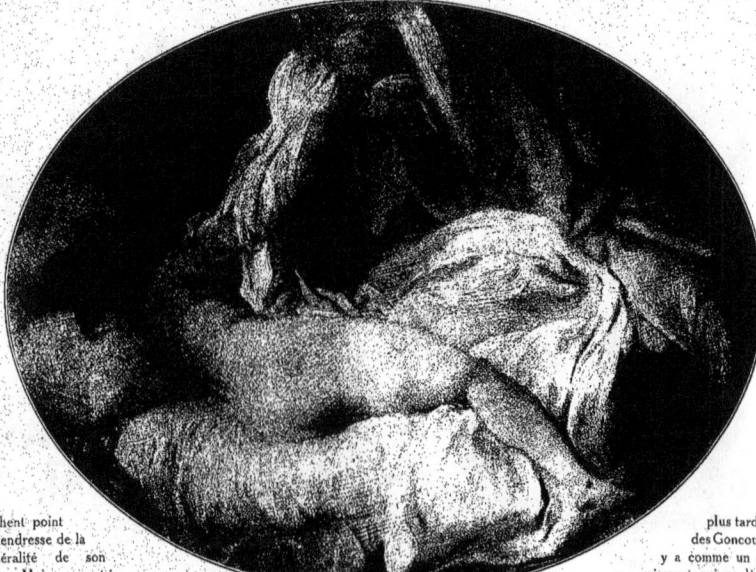

LA CHEMISE ENLEVÉE

JEUNE FEMME TENANT UN ENFANT

pèchent point la tendresse de la généralité de son œuvre. Moins souvent ému, moins disposé à étaler son émotion, pourvu de plus de mesure de goût, Fragonard n'en a pas moins là dans la *Fontaine d'Amour* comme dans la *Chiffre d'Amour*, comme à d'autres toiles, dépassé la sensualité pour atteindre à la synthèse d'un amour, où l'intelligence est captée et obéit à une force d'impulsion dont la soif du plaisir immédiat, si elle en est le ressort puissant, ne l'est pas uniquement. C'est là, du Fragonard profond, de même que la jeune femme de la collection Lacaze, la voisine de la *Chemise enlevée*, ou de *la Bacchante endormie* est du Fragonard intime et ému, dans sa jolie coloration de roses nacrées et dans l'ingénuité des faces qu'il met vis-à-vis de nous.

* * *

Cette émotion devant l'amour, on la trouve déjà au début de l'œuvre de Fragonard, dans ce *Corésus et Callirhoé*, où nombre de critiques n'ont voulu voir qu'un élégant pensum, une cantate peinte. Ce ne fut point à l'heure d'apparition de ce tableau l'avis de Diderot, ce ne fut point plus tard celui des Goncourt. « Il y a comme un grand cri muet qui se lève de tout ce temple et de cette composition lyrique. Ce cri d'un tableau si nouveau pour le XVIIIe siècle c'est la passion. Fragonard l'apporte à son temps, dans ce tableau plein d'une tendresse tragique, où l'on croirait voir la mise au tombeau d'Iphigénie. La fantasmagorie de la Callirhoé, fait remonter l'art à l'émotion de l'Alceste, d'Euripide. Elle montre à la peinture française un avenir: le pathétique. »

Mettons que le jugement soit un peu monté de ton, que précisément les réelles qualités de l'œuvre aient enlevé les Goncourt un peu plus loin que la parfaite justesse, les aient désarmé contre ce qu'un tableau d'histoire du XVIIIe siècle contient par endroits, et fatalement, d'emphatique et de faible. C'est néanmoins Diderot et eux qui ont raison.

* * *

Quelle est exactement la vie, jusque là, de l'artiste qui vient d'ouvrir à la grande peinture cette route nouvelle, et qui se modifiant encore, tracera d'autres

L'ESCALADE

chemins parmi le lacis, le méandre fantaisiste et toujours intéressant des directions d'art au XVIIIe siècle.

Jean Honoré Fragonard naquit à Grasse le 5 Avril 1732. Son père le mit chez un notaire. Ce père était un gantier qui paraît avoir été d'un tempérament assez hardi en affaires, puisqu'il mit toute sa fortune dans une spéculation à Paris, baillant des fonds à ses compatriotes, les frères Périer, qui entreprenaient d'installer à Paris des pompes à feu. (C'était auparavant le clergé qui se chargeait de lutter contre l'incendie.) L'affaire des pompes périclita; le père de Fragonard s'en vint à Paris pour tâcher de surveiller sa ruine. Une tradition difficile à controler veut que les Fragonard soient venus à Paris à pied.

Qu'ils soient venus ainsi ou autrement, l'hypothèse du voyage à pied donne à Virgile Josz dans son très curieux livre sur Fragonard, une jolie phrase « Fragonard et son compagnon prirent la vieille route, le long du fleuve, le chemin qu'on remonte, dédaignant le coche des mariniers, le chemin au-dessus des roselières, des marais bordés de tamaris, le chemin au-dessus de la Camargue étincelante de fleurs de sel, de la Camargue des chevaux blancs, des taureaux noirs, des flamants roses, le chemin le long des falaises couronnées de châteaux, coupé de gorges boisées, de vignes, le chemin empli du murmure frémissant des eaux et du chant des cigales. Et par ces pays nouveaux, étranges, de vie si différente de la vie de province quittée il y a peu de jours, par ces pays vus de près en l'intimité des sentiers et des raidillons, il atteint au but de son voyage. »

Le but du voyage, sauver les capitaux de la famille, ne fut pas atteint; un procès vint achever de ruiner le père de Fragonard. Il accepta, à Paris, une place de commis chez un mercier et mit son fils chez un des cent treize notaires du Chatelet, on ne sait pas au juste chez lequel.

Mais ce fut chez quelqu'un qui le laissa flaner et dessiner. Le moyen d'ailleurs d'empêcher de flaner un petit clerc, qui occupe les fonctions de saute-ruisseau. Le jeune Fragonard fit bonne école buissonnière, traina, admira, regarda les Halles, ces quais, où son futur maître Boucher avait saisi tant de dessins vivants, admira les femmes, visita le Cabinet du Roi et le Luxembourg, où l'on pouvait voir quelques peintures, et dessina tant et si bien que l'on le conduisit chez Boucher, pour le lui offrir comme élève et apprenti.

Boucher n'avait point envie de le prendre au rudiment; il l'envoya à Chardin, son émule, chez qui Fragonard ne fit pas grand' chose. Rien de trop étonnant à cela. Il n'en faudrait pas conclure que l'art de Chardin fut trop sévère pour Fragonard. Il eut saisi certaines choses, il a toujours dans ses tableaux fourni l'accessoire de nature morte, avec brio, mais Chardin, dit Goncourt, se borna à le faire dessiner d'après de vieilles estampes. Heureusement pour son avenir et son éducation de peintre, Fragonard avait trouvé, tout seul, semble-t-il, un excellent moyen d'étude. Les tableaux qu'il voyait au Cabinet du Roi ou dans les Eglises, il s'exerçait chez lui à les reproduire de mémoire, et lorsqu'au bout de six mois, il se présenta à Boucher avec ces

LA SURPRISE

notés-là, avec
ces esquisses-là,
Boucher l'embaucha
tout de suite et l'utilisa
pour les détails de ses
cartons de tapisserie, puis il
le fit concourir à l'Académie
avec un *Jéroboam sacrifiant aux
idoles*. Frago passa à l'École des élèves
protégés sous la direction de Carle van
Loo et de Lepicié, peignant là des tableaux
religieux, parmi lesquels *Le Sauveur lavant les pieds de ses
apôtres*, actuellement à la cathédrale de Grasse, puis fut envoyé
à Rome.

A côté de ses tableaux religieux, il avait déjà fait pour les

L'HEURE DU BERGER

amateurs des co-
pies de Boucher,
ayant reçu mandat
de celui-ci de contenter
certains de ses acheteurs,
à qui il ne pouvait plus vendre
tel tableau convoité par eux, mais
dont il avait déjà disposé. Frago produi-
sait ces tableaux-là *Bascule*, le *Colin-Mail-
lard*, si pénétrés de l'influence de Boucher
qu'on les peut confondre avec des Boucher,
ce qui est un blâme pour le peintre, mais aussi un éloge pour l'élève,
et une *Récréation dans un Parc* où avec du Watteau et du Boucher,
on peut distinguer déjà quelque chose d'autre, qui est du Fragonard.

On conte que, lors de son arrivée à Rome, Fragonard fut quelque temps écrasé par les sublimités de Raphaël et de Michel-Ange, ou au moins troublé par eux, et qu'il ne retrouva son aplomb qu'en se mettant à étudier des maîtres moins grands comme Piètre de Cortone, Baroccio, Solimène, Tiepolo.

N'aurait-on point exagéré un peu! Le fait que Natoire se soit plaint de lui, et soit même allé jusqu'à douter que Fragonard ait été réellement l'auteur des œuvres qui lui avaient valu d'aller à Rome, prouverait peut-être surtout que la perspicacité de Natoire pouvait être facilement prise en défaut. Rome pouvait interloquer Fragonard par cette vie si diverse de celle de Paris, par l'ensemble de son art, pour mille raisons? Cette curieuse Rome dont par

Hubert Robert lui firent connaître là bien des poèmes latins, que son alerte intelligence devait vite saisir, de par les affinités et les atavismes. Donc il a repris pied après cet effarement devant les maîtres, que peut-être son fils Alexandre Evariste, très pompier, très élève de David, a probablement solennisé, et dont il a passé la légende, sans doute exagérée, à son fils Théophile Fragonard, peintre à Sèvres.

Il travaille, amasse « ces milliers d'études, ces bistres enlevés en courant, quelquefois carminés de laque, ces sanguines roulantes, ces pierres d'Italie fouettées et sabrées de crayonnages, toutes ces croquades joliment francisées et pimpantes de ce flamboyant apporté de l'atelier de Paris »; à la Villa d'Este parmi la magnificence de la mo-

ailleurs et vers le même temps Casanova de Seingalt nous a laissé un libre et curieux tableau, on ne la pénétrait pas toute de suite! Il fallait en somme s'y faire, la deviner, se laisser absorber. Fragonard y réussit quand il y eut trouvé des amis; c'est à ce moment qu'il grava, en leur composant un joli encadrement de floraisons, dans le goût de Paris plus que dans le goût antique, ses bas-reliefs d'après l'antique; c'est à ce moment qu'il a l'occasion avec ses amis Saint-Non et Hubert Robert de passer de longues semaines dans la Villa d'Este, palais romain abandonné, qui s'élevait là où fut Tibur, là où vécut Horace, décor de douceur, de beauté et d'épicuréisme. Saint-Non et

derne architecture romaine, il dessine, il traduit de grandes allées ombreuses. Il a la chance de trouver là, à peu près un Paradou, un élan libre de végétation parmi les pierres encore robustes et que le temps n'avait pas disjointes, mais qu'il avait pu couvrir du baiser multiple de tous les pollens. Fragonard se reprend là à travailler d'après la nature et d'après l'antique. Le voisinage de ses deux amis lui est utile. Avant de connaître Saint-Non, Fragonard n'est point lettré ni curieux de le devenir. Le sens réel de l'antique d'Hubert Robert ne pourrait que l'aider à se préciser, mais surtout il semble que Saint-Non lui ait donné des clartés de tout, et qu'il est pour quelque chose dans son

LES CONFIDENCES

L'AMOUR COURONNÉ

développement. S'il lui a donné à la Villa d'Este ou à Rome, le conseil de faire du moderne, du vécu, du contemporain, il nous a conservé un grand peintre. En tout cas, ce spirituel abbé, qui n'avait de la cléricature que l'habit et la prébende, qui ressemble bien davantage à ce poète gaillard, le Cardinal de Bernis, qu'à Pierre l'Ermite, le fit-il voyager parmi l'Italie de son temps, non point celle de Giotto ou de Raphaël, mais de Tiepolo et de Ricci. Ici Fragonard trouvait la vie qui chantait dans toutes les toiles de ces aimables peintres, la vie gracieuse et familière. Il s'était peut-être un peu désolé de l'avoir quittée, en s'éloignant de Paris; il la retrouvait avec joie, il lui rencontrait à certains soirs romains et vénitiens, un petit air ardent et carnavalesque, qu'a un petit demeurant d'âme seizième siècle, païenne et violente se mêlant à la piété matérialiste, à la religion Cythéréenne des gens bien pensants du XVIIIe siècle, à tous pays civilisés. Il souffrit de la quitter trop tôt, et pour garder dans ses prunelles l'aimable vision, il demanda et obtint de rester un an de plus dans cette Italie galante et charmeresse.

De retour à Paris, il exposait *Corésus* et tout de suite, revenait au moderne, au vivant, coupant parfois son temps pour

UNE QUERELLE Tableau de Théophile Fragonard

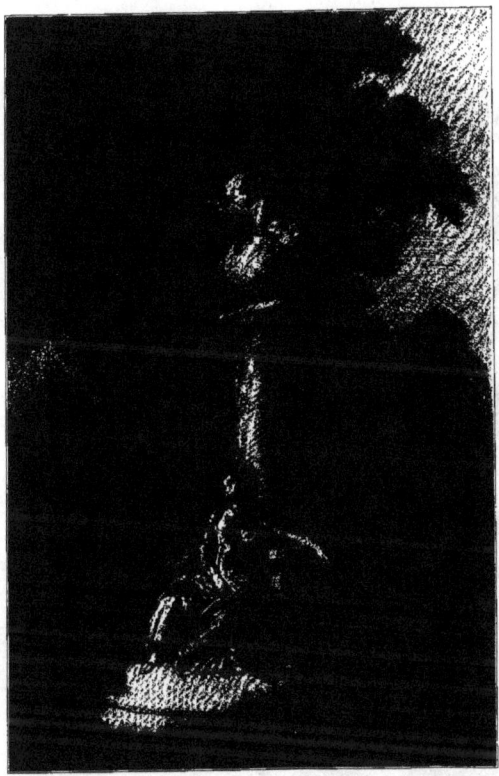

L'ABANDON

Bergeret qui deviendra l'ami, le Mécène de Fragonard, et le demeurera malgré brouilles, c'est Randon de Boisset, un des gros amateurs de Boucher, le baron de St.-Julien, de la Reynière. Pour quelques gentilshommes comme le marquis de Wery, qui lui impose le sujet du *Verrou*, Grammont ou Vaudreuil, voici Le Roy de Senneville, Varanchan, etc. ... Le gentilhomme achète sans doute, mais le fermier général protège, commande. Turcaret est mené parfois par le désir d'être vanté comme homme de goût, ou il veut faire plaisir à la dame de ses pensées. Quelquefois les deux désirs s'unissent en un seul. Fragonard a déconcerté quelques uns de ces amateurs, au début. Thoré a vu juste en percevant chez lui, une certaine grandeur, «plus explicite chez lui que chez les autres Pompadouriens.» Il n'a pas été mauvais pour Frago que le peintre Doyen lui envoyant ce client qui désire qu'on peigne pour lui, le sujet de l'Escarpolette, habitué des gens légers, brillants et amateurs d'art à son nom, et puisque Madame de Pompadour est morte avant que sa protection puisse mettre Fragonard hors de pair, avant que des commandes de Madame du Barry le mettent en bon lustre, il serait pour lui assez utile de travailler pour quelque belle danseuse à qui la folie du fermier général décerne un temple de Terpsichore tout neuf, tout paré de peinture, de sculptures, orfévré par tous ces admirables praticiens, les Boulle, les Caffieri et autres; et Fragonard rencontrera au bon moment la Guimard.

* * *

Grimm dans sa *Correspondance* dit de l'hôtel que la célèbre danseuse se fit construire à la chaussée d'Antin: «L'Hôtel de Mlle Guimard est presque achevé; si l'Amour en fit les frais, la Volupté même en dessina les plans, et cette Divinité n'eut jamais, en Grèce, un temple plus digne de son culte; Mlle Guimard y est représentée en Terpsichore, avec tous les attributs qui peuvent la caractériser, et de la manière du monde la plus séduisante.»

LE SACRIFICE DE LA ROSE
(Variante)

faire plaisir à ses amateurs par la confection d'un tableau d'Eglise, d'une Adoration ou d'une Visitation (on en demandait aussi à Boucher), mais surtout dessinant et peignant la grâce féminine de son temps, le décor familier de chantantes et dansantes Cythères, dont il trouvait à l'Opéra les décors frais et les nymphes tendres.

* * *

Les bons peintres du XVIIIe siècle, surtout depuis Boucher, fréquentent fort l'Opéra et les Bouffons. Comment feraient-ils autrement; leurs acheteurs, leurs Mécènes, ce sont les Fermiers généraux, et parmi les Fermiers généraux, s'il en est un qui ne protège point une danseuse ou une cantatrice, c'est qu'il a un goût très vif pour une comédienne. C'est donc au théâtre et chez les amateurs une série de fréquentes rencontres des artistes dramatiques et des peintres. M. Portalis a dressé la liste des amateurs principaux de Fragonard, à l'heure de ses brillants débuts; c'est le fastueux Beaujon, c'est

LES BEIGNETS

C'est Fragonard qui était chargé d'embellir l'image de Terpsichore de toutes les séductions. Il y était fort porté, car il semble que malgré son mariage avec Marie Anne Gérard, Frago ait été uni à la célèbre danseuse par un assez tendre lien. Des études préliminaires, de beaux portraits étaient comme les esquisses de ce portrait définitif de Mlle Guimard. Il l'avait peinte en danseuse, une rose à la poitrine, il l'avait peinte en musicienne un peu rêveuse, en un joli accoutrement fantaisiste, à la Watteau. Il la reprit, sur un fond de pastorale à la Boucher, en jupe rose, toute animée et toute rose du plaisir de la danse. Il devait l'entourer dans le Salon de Terpsichore, le grand salon de l'hôtel, et dans le petit théâtre que la danseuse y édifiait, d'une profusion de satyres et de nymphes. Une querelle, peut-être amoureuse, brouilla

L'INSPIRATION

tout, dit une légende, qui peut être vraie, et Fragonard passa la commande à Louis David. Grimm raconte la querelle et y ajoute une autre légende, qui, celle-ci paraît, controuvée.

« Ces tableaux n'étaient pas encore finis, lorsque je ne sais à quel propos Mlle Guimard se brouilla avec son peintre M. Fragonard, mais la querelle a été si vive qu'il a été renvoyé et qu'on a fait marché avec un autre artiste. Depuis, curieux de savoir ce que devenait l'ouvrage entre les mains de son successeur, M. Fragonard a trouvé le moyen de s'introduire dans la maison. Il pénètre jusque dans le Salon, sans y rencontrer personne. Apercevant dans un coin, une palette et des couleurs, il imagine sur le champ le moyen de se venger. En quatre coups de pinceau, il efface le sourire des lèvres de Terpsichore, et leur donne l'expression de la colère et

LES BAIGNEUSES

L'AMOUR RIANT DE SES FLÈCHES

de la fureur, sans rien ôter, d'ailleurs, au portrait, de sa ressemblance. Le sacrilège consommé, il se sauve au plus vite, et le malheur veut que M¹¹ᵉ Guimard arrive, elle-même, quelques moments après, avec plusieurs de ses amis qui venaient juger du talent du nouveau peintre. Quelle n'est point son indignation! Mais plus sa colère éclate, plus la charge devient ressemblante... les épigrammes d'un peintre valent bien quelquefois celles d'un poète. »

On objecte à cet amusant ondit, que le portrait, de M¹¹ᵉ Guimard en Terpsichore, par Fragonard qui appartient à M. Groult ne porte aucune trace de ce remaniement, ni d'un travail fait pour l'effacer. Mais n'est-il point possible que Grimm ait fait simplement quelque confusion et que ce soit sur une esquisse perdue, que Fragonard se soit amusé à transfigurer ou à défigurer, si l'on préfère, Terpsichore et à lui donner les traits de Tisiphone.

* * *

Cette histoire, cette brouille avec la Guimard devait avoir certaines repercussions dans la vie de Fragonard. Plus tard, comme nous le verrons, David, à qui il avait rendu service en cette circonstance, parut s'en souvenir au moment de sa toute puissance, sous la Révolution, et il fut indulgent et même bienveillant à Fragonard. Il y aura tout de suite, si l'on en croit les contemporains, une épilogue à cette idylle suivie de tragi-comédie. Brouillé avec la Guimard, et attristé de cette brouille, Fragonard, pour se remettre, pour changer d'horizon, acceptera de faire le voyage d'Italie, avec Bergeret, le fermier général, et ce sera encore une des rares anecdotes curieuses de sa vie.

* * *

Bergeret de Grandcourt, fermier général, receveur général des finances, possesseur du comté de Négrepelisse, trésorier général à Montauban, un des gros spéculateurs du temps, était un des acheteurs les plus fidèles de Fragonard. Amateur décidé, il

VARIANTE DU VERROU

voulait avoir à son actif un de ces grands voyages d'art qui posaient un homme en grand dilettante. Ainsi Randon de Boisset avait-il fait le voyage des Pays-Bas, avec Boucher. Le

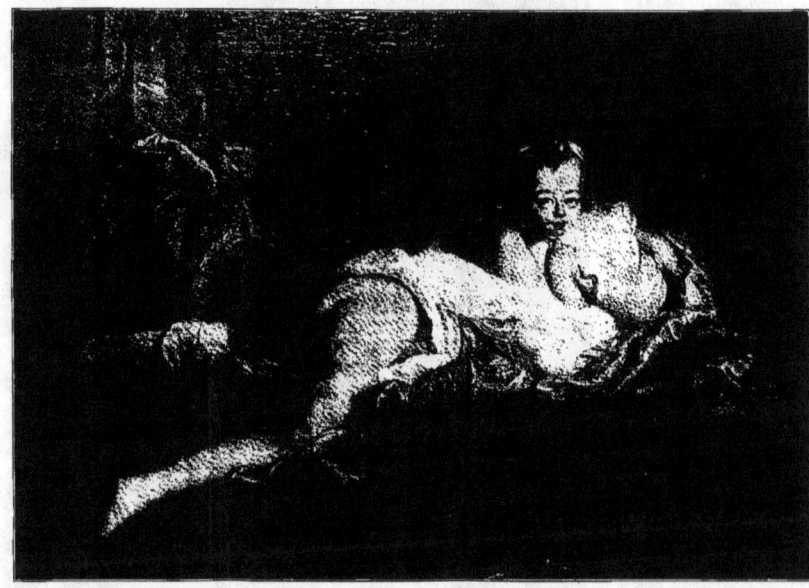

L'ATTENTE DU LAVEMENT

rôle du peintre dans ces voyages est multiple. Il consiste à donner des connaissances à l'amateur sur les tableaux qu'il voit, à le guider dans ses acquisitions et à dessiner aussi les points de vue ou les monuments qui les auront tous deux le plus vivement frappé. Ainsi fera Fragonard, en ce voyage en Italie, où Bergeret a pris par le plus long, car les voici d'abord en son comté de Négrepelisse où Fragonard prend le *four banal* de la petite ville, comme prétexte d'un de ses plus beaux dessins; il dessinera énormément durant ce périple.

Ils sont quatre à voyager, Frago, sa femme, Bergeret et une dame de compagnie ou ex-dame de compagnie de Mme Bergeret, que Bergeret a jugé assez séduisante pour l'appliquer au service de sa propre compagnie. Tout en voyageant, Fragonard exécutera (pour Bergeret) une suite de dessins sur les *Contes* de La Fontaine. Bergeret a déjà contribué avec ses confrères de la Ferme, à la belle édition d'Eisen, il en veut une pour lui seul, de son artiste préféré. On verra beaucoup de choses en route, que Bergeret est impatient de regarder car il n'y a guère trente ans qu'il a envie de passer les Alpes et d'admirer les chefs d'œuvre d'Italie. Bergeret a laissé de ses impressions de voyage, un journal, curieux par ci, par là, de ce qu'il laisse deviner des admirations que lui faisait partager Fragonard. On notera comme une preuve de la sensibilité du peintre devant la nature, cette phrase qu'écrit Bergeret au début de leur voyage,

alors qu'ils traversent le Limousin, vers Uzerche, où le décor des choses est fort beau. « Comme nous sommes arrivés de bonne heure, dans l'endroit le plus affreux par sa situation (il veut dire, écarté) sur une butte entourée de montagnes et terminée par une rivière meublée de chaussées et moulins qui occasionnent des chutes et cascades d'eau, nous avons en peintres et amateurs, admiré avec extase ce que personne n'admire, et M. Fragonard, toujours laborieux et actif, a projeté et exécuté un dessin de cette situation jusqu'à l'heure de notre dîner ou souper qui s'est fait avant six heures. » Voilà donc, pour Fragonard une bonne séance d'après nature, voilà un des textes, qui avec les études de Boucher pour ses tapisseries, les paysages d'Oudry, etc., dénient victorieusement le soi-disant éloignement de la nature des peintres du XVIIIe siècle, un texte aussi net en sa manière comme preuve de ce goût du réel, du paysage vrai que le beau paysage de Frago au Louvre: *l'orage* avec ses concrétions de gros nuages, et le mouvement des personnages qui sont là groupés. Tous les jours de ce voyage, Fragonard dessine, Bergeret, par contact, se met à dessiner lui-même, d'enthousiasme, et croit (curieux écho du premier voyage en Italie de Fragonard) que la vue des Michel-Ange et des Raphaël va lui changer sa manière. Sa vision du paysage à lui, Bergeret est assez courte. Le golfe de Naples ne l'inspire pas, il écrira « on peut s'en faire une idée comme la côte de

TÊTE DE JEUNE GARÇON

Meudon en suivant celle de St-Cloud. » En revenant de cette longue tournée, longue (car ils prirent encore par le plus grand détour pour revenir et passèrent par Vienne et Dresde) Frago et Bergeret étaient brouillés. Le motif? on ne sait, mais Bergeret voulait considérer comme sa propriété et retenir toute cette quantité de dessins que Frago avait accumulés en cours de route, le peintre s'en défendait et réclamait en échange de ces dessins une somme de trente mille livres. Il semble que Bergeret paya.

Certains critiques ont mis la chose en doute. Il est difficile d'avoir là-dessus un avis, puisque on ne retrouva pas les dessins dont il est question là dans le portefeuille de Bergeret, à sa mort. D'un autre côté, on ne les retrouve pas non plus dans la succession de Fragonard; au moins semble-t-il que beaucoup aient disparu.

Faut-il chercher une explication à cela dans une anecdote que raconte Virgile Josz. «Fragonard, en l'an 11, surprend un matin son fils Evariste, en train de brûler la superbe collection d'es-

LA DÉCLARATION

PORTRAIT DE FEMME

gens pensèrent vite à aller visiter Fragonard. Pourquoi était-ce Marie-Anne Gérard qui venait chercher fortune à Paris plutôt qu'une de ses sœurs? Sans doute, avait-elle montré quelques dispositions pour le dessin. Aussi, comme la gloire de Fragonard était arrivée à Grasse, comme on savait dans sa ville, et peut-être même avec une nuance d'exagération qu'il était en passe d'arriver à tout, on a pensé chez les Gérard qu'il s'intéresserait à sa petite compatriote, de la famille amie, et qu'il lui aplanirait les voies difficiles. Aussi la fit-il travailler, perfectionnant les quelques dons qu'elle avait pour la miniature (comme il poussa vers la gravure son frère Henry Gérard), puis il l'épousa. Pourquoi ? Pour sa beauté ? D'après un portrait que possédait le petit-fils du peintre, peintre lui-même, Théophile Fragonard, les Goncourt la décrivent ainsi : « Elle a les traits forts, les méplats sensuels, de perçants yeux noirs, sous d'épais sourcils, un nez gros et court, une grande bouche, une coloration brune, des cheveux d'un brun ardent, je ne sais quel air réjoui et passionné de forte commère hollandaise chauffée au soleil du midi. » Lorsqu'on fit le portrait de M*me* Fragonard que les Goncourt transcrivent ainsi, M*me* Fragonard avait quarante ans. Mais elle a vingt ans de moins lorsqu'elle se marie, et ne voit-on pas à travers les lignes de Goncourt, tout ce qui en elle a pu saisir, conquérir et garder jusqu'au

tampes qu'il avait patiemment réunies. Il s'est emporté contre le misérable, et l'autre lui a répondu tranquillement: Je fais un holocauste au bon goût. » Évariste n'a peut-être pas brûlé que des estampes. D'ailleurs même si Évariste ne les a pas brûlé, combien de dessins ont pu se perdre en ces temps troublés. La brouille ne fut pas éternelle entre Frago et Bergeret. Les relations reprirent. Frago devint l'hôte de Cassan, la belle résidence de Bergeret, près la forêt de L'Isle Adam. Il dessina pour lui plus de cinquante illustrations pour les contes de La Fontaine (actuellement collection Béraldi), baisers fougueux et rapides, ruts spirituels et violents dans d'harmonieux décors. Aux mauvais jours de la Révolution, il put regretter parfois les incartades et les enflures de Turcaret-Bergeret.

Un autre épisode de la vie de Fragonard, c'est sa liaison tendre avec sa belle-sœur, Marguerite Gérard.

A Grasse, les familles Gérard et Fragonard étaient fort liées. Aussi lorsque pour dégrever la famille Gérard chargée de dix enfants, un des fils Gérard partit pour Paris avec une de ses sœurs, les jeunes

LE CHIFFRE D'AMOUR

L'AMOUR ET LA FOLIE

mariage, ce volage Frago, dont les aventures jusque là sont nombreuses. Il y a là, la carnation rubérienne qu'il aime, chauffée par le soleil du midi, ces traits forts et ces yeux perçants, qui ont peut-être brusquement évoqué à ses yeux, avec le souvenir des belles filles de son pays, le souvenir des premières amours, l'appel de sensualité des traits, la bonté de la grande bouche rieuse, l'harmonie de la coloration, rendue plus piquante par quelque clair costume parisien de jeune fille; tout cela c'est assez pour expliquer un amour et que sous les grands arbres de la place de Vaugirard, on ait dansé aux noces de Fragonard et de Marie-Anne Gérard?

« Quand Mme Fragonard accoucha de son premier enfant, elle dit à son mari qu'elle avait au pays une petite sœur de quatorze ans qui lui serait bien utile pour élever et soigner son enfant, et c'est ainsi que Mlle Gérard (Marguerite Gérard) entra dans la famille pour ne plus en sortir. Au bout de peu de temps Paris lui donna son coup de baguette. Elle dépouilla sa naïveté, sa gaucherie provinciale, et de laide quelle était comme sa sœur, elle se fit, en devenant femme, jolie et même belle. Les plus beaux yeux noirs, l'ovale le plus pur, un dessin de figure, romain, la faisait comparer à une tête de Minerve et dans les premières années qui suivirent la mode pour les femmes de ne plus porter de poudre, elle faisait sensation, au théâtre, avec le style de sa beauté.

« Tout naturellement l'ancienne peintresse d'éventails (Mme Fragonard) n'avait pas quitté ses pinceaux, aux côtés de son mari. Elle s'était mise sous sa direction à peindre des miniatures, assez difficiles à reconnaître des miniatures

LA LEÇON DE MUSIQUE

à l'âge de seize ans, en 1773. Hommage à mon maître et bon ami Frago — Marguerite Gérard ». Frago eut presque pu les signer, car s'il a mis une ingénieuse galanterie à laisser la jeune fille se croire, à l'inciter à se croire, le graveur de la planche, il y a tellement aidé sous prétexte de retouches professionnelles qu'en réalité la planche est de lui.

* * *

L'idylle de Frago et de Marguerite Gérard fut longue. Marguerite Gérard fut le sourire de ce logis du Louvre ou Fragonard vivait si heureux parmi tant de peintures, d'estampes, de bibelots précieux, amassant comme en se jouant, grâce à sa prestigieuse fécondité les dix-huit mille livres de rente qu'il aura un jour, vivant parmi ses amis Greuze, Hubert Robert, les Vernet, Pajou, Lagrenée, Pigalle, Chardin, Wattelet le collectionneur peintre à qui l'on soumet des bergeries, car il est le grand expert en l'architecture des jardins, Saint-Non, l'ami des belles années d'Italie, Hall, le rival de Fragonard pour la minia-

des Fragonard, du moins quand Fragonard y a mis sa retouche et sa griffe. Il se trouva que la petite sœur aimait, elle aussi, la peinture, qu'elle en avait un goût encore plus décidé et plus heureux : Charmante rencontre qui fit de Mlle Gérard à l'imitation de Mlle Mayer ou de Mlle Ledoux, élèves de Prud'hon et de Greuze, comme la pupille des leçons de son beau-frère, la filleule du talent de Fragonard. » Très longtemps elle grave, elle peint à ses côtés. Elle appelle Frago le bon ami, et il semble bien qu'il faille donner à ce nom d'amitié toute l'extension. Elle grave des planches charmantes, elle les signe, « gravé par Marguerite Gérard

CORÉSUS ET GALLIRHOÉ

REPOS DES BANDITS

ture, Wille le graveur, de Launay le graveur de quelques-uns des meilleurs Fragonard, des Fragonard intimes et familiaux, Moreau le jeune, Taunay, d'autres encore.....

* * *

Fragonard peint Marguerite Gérard, la dessine, la portraiture, la prend pour modèle : vous pouvez voir ses traits, dans la femme de ce *Contrat* que nous reproduisons, dans les dessins fait pour Bergeret (Frago a donné Marguerite Gérard comme professeur de dessin aux enfants de Bergeret). Elle soigne Frago avec Marie-Anne, lorsque la mort de sa fille Rosalie, enlevée à dix-huit ans le plonge dans un désespoir qui fait craindre pour ses jours... elle lui est longtemps dévouée, mais

FIGURE DE FANTAISIE

Fragonard a vécu trop longtemps et a passé par trop de vicissitudes, pour que celles des idylles de sa vie, que n'abrègent point la rupture ou la mort, restent jusqu'au bout calmes et charmantes.

* * *

C'est au temps de la Révolution; Frago est appauvri; d'abord son revenu est tombé de dix huit mille à six mille, puis il a décru encore. Ses tableaux ont baissé aux plus faibles prix, à sept ou huit livres; au contraire Marguerite Gérard a fort progressé. Elle a pu, étant souple, plier son petit talent aux désirs de la nouvelle mode. Des *Jeunes filles effeuillant une Marguerite*, des *Jeunes époux lisant leurs lettres d'amour*, son illustration des

CAVALIER ET BERGÈRE

Liaisons dangereuses, lui ont fait un nom et une clientèle que n'a plus Fragonard. Géné, Frago a cru pouvoir recourir à celle qui n'existe que par lui. Elle refuse, elle se dérobe, ce n'est plus « bon ami » qu'elle écrit, mais « mon bon ami » elle vante l'économie sans a-propos. Les roses de l'amour de Frago n'ont pas gardé leur fraîcheur après que le violent souffle révolutionnaire à passé.

* * *

LES PANNEAUX DU LOUVRE

Au Louvre Fragonard est réprésenté par son portrait, par ce *Corésus et Callirhoé*, où si quelque indécision se peint dans le geste théâtral de Corésus, le corps de Callirhoé, gît d'un goût si parfait, parmi une émotion si bien traduite des assistants, par la *Leçon de Musique*, une de ses belles œuvres, esquisse très poussée, tableau plutôt, auquel ne manque que quelques touches, et quelques glacis. Placé en face de *l'Embarquement pour Cythère* de Watteau, du *Déjeuner* de Boucher, près des *Ménagères* de Chardin, il fixe la place de Fragonard dans l'Ecole française.

Le panneau de la Salle La Caze, est de tout point admirable; Fragonard y est tout entier, en huit toiles. *L'Etude* est la plus fine de ces rapides évocations féminines, traitées avec franchise, avec une franchise qui fait apparaître très nettement, tous les sous entendus, qu'il y a voulu. Pense-t-elle beaucoup et sérieusement à *l'Etude*, cette jolie liseuse dont les doigts s'égarent sur un livre, mais qui a surtout l'air toute pensive, d'un billet doux qu'elle vient de lire ou d'un souvenir, d'un tout récent baiser qui vient comme en mi-songe de revenir effleurer comme d'une aile de papillon la gaze de ses lèvres. *Les Baigneuses* sont du plus joli et du plus hardi mouvement; les roses, les vermillons qui se plaquent à la plante des pieds, aux reins, aux épaules de ces jolies nymphes lâchées dans les joies de l'air et de l'onde, sont un peu à Boucher, mais les fines structures, mais les corps élancés mais l'ardeur du faire est à Fragonard. Très charmants en leur exiguité, traités en esquisse, la *jeune mère* et son curieux poupon ne sont qu'une très intéressante impression, mais avec la *Chemise enlevée*, tout Fragonard apparait, éclate, avec ce lyrisme de la chair et de la volupté qui n'est qu'à lui. Oui, Goncourt a presque raison en disant: « Le XVIIIe siècle a deux poètes, ce sont deux peintres, Watteau et Fragonard », il y en a peut-être davantage, mais ces

LA MUSIQUE

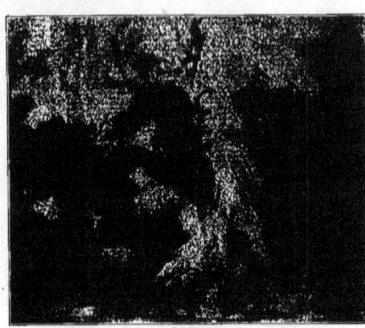

DESSIN

ALLÉGORIE DE LA VILLE DE MARSEILLE

PORTRAIT DE JEUNE FEMME

deux là sont des poètes et Frago est l'Anacréon de son temps, la force de la grâce, la force du sourire, la clarté de la vie.

Ce corps nacré et laiteux qui semble un appel au baiser, sur le trône tiède et blanc de son lit, les bras qui jouent avec le petit amour, enlevé dans la neige blanche de la chemise, tout cela est du charme le plus profond. Petit sujet, grand art, et en art le sujet ne fait pas grand'chose à l'affaire, en art pictural surtout. C'est là du Fragonard de mi-rêve, ce latient d'accord avec l'évocation de ses parcs en demi-teintes; c'est une symphonie de blanc où toutes les gammes tendres du blanc s'unissent, blancheurs roses des chairs, blancheurs blanches des draps; c'est la note de la *Gimblette*, c'est la capture d'un instant de la femme, des plus vifs, des plus délicats, des plus chers à tous les amoureux qui aiment mettre un peu de fantaisie, autour de l'amour, l'heure où la jeune femme seule, au lit, se joue comme un enfant, se livre à un caprice de mouvement que règle en ses ébats, comme le rythme supérieur de la pensée, la songerie vers l'amant qui vient de partir ou qui va venir. Erotisme si l'on veut: tout ce temps là est érotique. Il n'a pas encore, aux choses de l'amour, mêlé l'honnêteté, il n'y a mêlé que l'esprit. Quel plus joli sujet de vignette tendre que la *Chemise enlevée*, que cette défense de la femme, tâchant, mollement de retenir sur son corps délicat, le voile que le triomphant Amour lui enlève. Et ce sont, salle Lacaze, preuve de la maîtrise de Fragonard, preuve de ce qu'il a conquis sur les Flandres et l'Italie pour l'annexer au goût français, de ce qu'il a pris à Luca Giordano ou à Terburg en gardant les belles qualités de la peinture du XVIIIe, les portraits, ces pochades enlevées en une heure, comme celui de M. de la Bretèche,

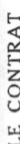

LE CONTRAT

LE PACHA

L'HEUREUX MÉNAGE

souriants et beaux qui font penser à Frans Hals. Que Fragonard ait été ou non en Hollande, il a étudié les maîtres flamands, et a fondu au soleil de son génie une partie de leurs solides qualités. D'ailleurs des tableaux, de ceux peu connus qui furent exposés au Cercle artistique de Nice, le *Suppliant*, l'*Abandonnée* prouvent qu'il a regardé les Rembrandt et de près.

Parmi les nouveautés qu'apportait cette exposition une admirable esquisse du *Sacrifice de la Rose*, toute conçue dans l'élan laiteux d'un gracieux corps de femme, vers l'autel, peinture dé-licatement émotive, à sens précis, chant ardent en l'honneur de la perte de l'innocence.

C'est aussi la *partie de raquette*, toute récemment découverte par le docteur Baradat, sorte de grisaille, vive, avec toute la silhouette du jeu heureux des belles filles enlevées par la distraction de l'heure.

C'est le dessin si curieux du *Pacha*, si complet, plus beau peut-être en sa simplicité que le tableau d'une couleur pourtant si onctueuse: A qui a pensé Frago en composant ce tableau, aux légendes qui couraient sur la côte, touchant de belles Provençales, enlevées un jour en mer par les Barbaresques, et qu'on ne revoyait plus, car dans les fonds lointains de l'Asie turque, elles régnaient sur le cœur d'un homme puissant, et nouvelles Roxelanes, agitaient les sérails, ou bien a-t-il rêvé à un de ces rénégats comme Bonneval, qui abandonnaient les chemins encombrés du service des princes d'Europe, pour vivre sous le turban, une vie plus large. Le conte du sérail, cette histoire à mi-voix d'amour traversé, d'amour brûlant et indomptable que peut trancher le lacet d'un eunuque ou le sabre d'un muet, avec la vie, hante son imagination. Son tableau, au *Sérail,* le prouve, avec l'abandon dangereux des amants qu'il évoque et c'est aussi *l'amour et la Folie,* qu'on dirait d'un Flamand d'Italie, autre belle œuvre neuve, et jamais plus que dans *L'attente du Lavement* Fragonard n'a été plus lui-même et plus complet.

Ici encore c'est le lit, c'est le matin de la femme, c'est l'heure de sa coquetterie qui est en scène. Cette jeunette beauté sait qu'il faut se tenir le teint frais, la médecine du temps lui en donne la recette. Elle se conforme à ce qu'a dit Tronchin.

Et avec quelle grâce heureuse Frago a caressé les rondeurs de la croupe, la nacre des jambes, et corrigé, pour lui-même, pour les autres, ce que son tableau pouvait avoir comme sujet, non point de scabreux ni de polisson mais d'hilare, par la menue grâce de la figure et la naïveté de son expression.

* * *

Pendant la Révolution, Fragonard s'est terré à Grasse. D'abord David qui lui témoigna des égards, l'avait fait mettre de la commission des Musées. C'était de quoi sauver sa tête, c'était un certificat de civisme. Puis la Révolution se faisant plus sombre et plus exigeante, Fragonard ne fut plus de la commission. Les temps plus durs l'effrayèrent. Il accepta les offres d'hospitalité de son ami

DITES DONC, S'IL VOUS PLAIT

LE PETIT PRÉDICATEUR

LES PARQUES

Maubert et partit pour Grasse. Là, d'un pinceau prodigue il décora toute la maison. Il avait apporté cinq cartons faits pour Mme du Barry et qui devaient orner le château de Louveciennes. L'œuvre de Fragonard ne plut pas au roi, Mme du Barry en avait indiqué les sujets. Le roi n'aima point d'y paraître en des scènes à deux personnages, même si distantes de la vie réelle. On le voyait dans l'Escalade, ce fut assez. On a dit aussi que le Roi ne trouva point ces belles œuvres assez pimpantes, ni assez libres. On est bien forcé de demeurer dans le vague sur les motifs de ce refus, faute de documents. C'est d'abord l'Escalade. Mme du Barry déguisée en bergère rêve à l'amour, lorsque le vainqueur charmant survient, triomphant de tous obstacles, et c'est Louis XV. La Poursuite montre l'amoureux se saisissant de la maîtresse convoitée. Dans les Souvenirs, ils relisent les ardents billets ou les jolis billets, où se dépeignait leur flamme. Dans l'Amant

LA LECTURE

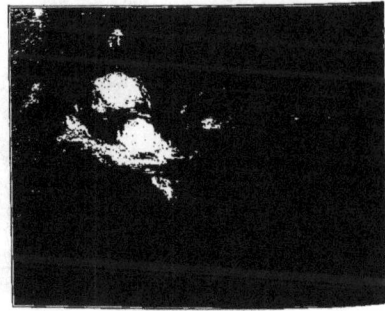

LE SUPPLIANT

LA FOI, L'ESPÉRANCE, LA CHARITÉ

couronné, la maîtresse et amoureux attendent du pinceau du peintre qui travaille là, l'immortalité. Le cinquième panneau, *l'Abandon*, achevé vingt ans après les quatres autres par Fragonard à Grasse (ce qui prouve combien peu son pinceau a perdu de souplesse et combien peu son art a perdu de fraîcheur et de tendresse), représente *l'Abandon* de la jeune amoureuse affaissée au pied de la statue de l'amour, elle attend! quoi! que le prince charmant revienne? L'amour lui indique que son espérance est une chimère.

Il est plus que douteux que ce cinquième panneau ait été composé ni même projeté pour être placé à Louveciennes. Encore que la série des quatre premiers panneaux ne réalisa pas ce qu'il fallait, puisqu'elle fut refusée, il est fort peu probable que ce délié Fragonard ait été assez imprudent, ait eu un moment de candeur assez forte, pour mettre dans le château de

ÉCOLE DE PEINTURE

Madame du Barry, quelque chose qui signifiât la Rupture et l'Abandon.

* * *

Les maîtresses du roi qui vivaient toujours, quoiqu'elles laissassent paraître, dans la crainte de la disgrace, n'eussent jamais placé sous les yeux du maître, un tableau qui y fit songer. Sans doute, Frago, ne l'esquissa que lorsque sa décoration fut refusée, et pour conclure à sa guise, les sujets indiqués par Mme du Barry; et n'est-ce point là, malgré la belle sérénité et l'émotion de l'œuvre comme une silencieuse épigramme, comme un complément dans sa pensée à toute histoire d'amour, mais qu'il aura peint non sans quelque malice, en pensant que, même pour les favorites, la faveur du maître peut être brève.

D'autres œuvres de l'exposition de Nice sont curieuses, retenons cette sépia: la Procession. Elle fait songer au portrait du Louvre au Fragonard nouveau, imprévu que la Révolution a fait surgir de Fragonard. Cette *procession* ne peut dater que de plus tard, alors que le culte fut rétabli. C'est encore du dessin très ferme et si nul doute ne plane sur son authencité, c'est une preuve de la persistance jusqu'au dernier jour du génie du peintre.

Fragonard s'éteignit en 1806. On n'y fit guère attention. Il fallait le retour de notre temps au XVIIIe siècle et à la peinture vraie, pour qu'il reprît sa place.

Il succède à Boucher, qui succède à Watteau; ce sont avec Chardin et Latour, les quatre maîtres de la peinture française à la plus belle époque qu'elle ait encore eu à cette date. Le romantisme et l'impressionnisme purent égaler cette période, mais non la surpasser.

Frago est un des plus magnifiques peintres de l'art français.

Gustave Kahn.

LE SERMENT

LE BUVEUR

LIBRAIRIE ARTISTIQUE et LITTÉRAIRE,
65, Rue du Bac, PARIS

AUGUSTE RODIN
L'HOMME ET L'OEUVRE
par GUSTAVE KAHN.

Numéro spécial 2 de **L'ART ET LE BEAU**

PRIX net 6 Francs.

AUGUSTE RODIN

Ce numéro contient environ **soixante des plus belles reproductions** du maître **Rodin**.

Ces reproductions ont été choisies avec le plus grand soin, de façon à ce qu'elles présentent, par l'image, une vision d'ensemble de l'œuvre de *Rodin*, tenant compte des premiers chefs-d'œuvre et nous montrant l'évolution du génie de *Rodin*, jusqu'à ses derniers morceaux de sculpture.

Personne n'a jusqu'ici compris et traduit la beauté du corps de la femme, ni le geste ardent de l'homme vers la femme, avec autant de puissance que *Rodin*. Son œuvre tout entière est le poème de la chair et du désir le plus effréné, le plus aigu, comme le plus doux et le plus câlin.

Pour traduire ces visions du poète sculpteur, il fallait que le texte fût confié à un critique d'art qui fût en même temps un poète. Nous avons demandé une étude sur *Rodin* à Gustave Kahn. Nos lecteurs se souviennent de sa récente et très belle étude sur Rops, parue en un numéro spécial de *l'Art et le Beau*.

Son étude sur *Rodin* est la plus complète qu'on ait écrite sur le maître. Elle le suit depuis ses débuts jusqu'à aujourd'hui même.

LE PRINTEMPS
Spécimen réduit de AUGUSTE RODIN L'Homme et l'Oeuvre

Imprimerie de la librairie artistique et littéraire. — Paris, 65, Rue du Bac. L'imprimeur-gérant G. Coustal.

LIBRAIRIE ARTISTIQUE et LITTÉRAIRE, 65, Rue du Bac, PARIS

FÉLICIEN ROPS
ET SON OEUVRE

par Gustave Kahn.   *Numéro spécial 1 de*
L'ART ET LE BEAU
=== PRIX net 6 Francs. ===

FÉLICIEN ROPS

Ce numéro contient **60 des plus belles planches** du célèbre maître Félicien Rops, en grande partie dans le format original, ainsi que deux pages en quatre couleurs.

La couverture, également en quatre couleurs, représente le portrait de *Félicien Rops*, d'après le tableau de Paul Mathey du Musée du Luxembourg.

A coté de quelques pages déjà reproduites, le numéro en publie également qui sont demeurées moins connues jusqu'à présent.

Les gravures ont été choisies de façon à donner l'impression la plus exacte du labeur multiple de l'artiste, analysant par l'image toute la variété d'un des génies les plus complexes et les plus audacieux du XIXᵉ siècle.

Il nous paraît inutile de rappeler que peu d'artistes modernes ont, autant que *Rops*, éveillé la curiosité du public; pourtant il est resté pour lui presque un inconnu. Jusqu'à présent, *Rops* n'était apprécié que par une minorité restreinte, parce que son œuvre n'était pas à la portée de tous. Aussi est-il certain que le grand public acueillera avec satisfaction ce choix des plus belles pages du maître.

Le texte du numéro consiste en une étude sur *Félicien Rops* par M. Gustave Kahn, qui est certainement la plus synthétique et la plus colorée que nous possédions sur le grand maître et son œuvre.

COCOTTOCRATIE
Spécimen réduit de FÉLICIEN ROPS et son œuvre par Gustave Kahn

www.ingramcontent.com/pod-product-compliance
Lightning Source LLC
Chambersburg PA
CBHW060519050426
42451CB00009B/1065